Nordic Walking ist Trend! Kein Wunder, schließlich ist das Walken mit Stöcken ein Ganzjahres-Laufsport, mit dem Sie unglaublich viel für Ihre Muskeln, Ihren Rücken und Ihr Herz-Kreislauf-System tun können – und das alles, ohne sich dabei zu überanstrengen. Denn beim Nordic Walking geben Sie selbst das Tempo vor.

Inhalt

Nordic Basics 4

Wie Nordic Walking laufen lernte 5
Vom Sparten-Training zum Breitensport 5
Nordic Walking – der ideale Ausdauersport 6
Machen Sie mit 6
Ein Sport für jede(n) 6
Abschalten vom Alltag 7
Ihr Körper braucht Bewegung 8
Zu viel Bequemlichkeit ist ungesund 8
Die häufigsten »Problemzonen« 8
Aktivprogramm gegen Verspannungen 10
Seien Sie netter zu Ihren Muskeln 10
Anti-Schmerz-Prophylaxe 11
Rundum fit und gut gelaunt mit Nordic Walking 12
Stärken Sie Herz und Kreislauf 12
Schonen Sie Ihre Gelenke 12
Erhöhen Sie Ihren Kalorienverbrauch 12
Verbessern Sie Ihre Laune 13
Das richtige Trainingstempo 14
Besser geht's mit Sauerstoff 14
Kontrolle der Herzfrequenz 14
Die kardiovaskuläre Fitness verbessern 15
Die vier Trainingszonen 16
Der optimale Trainingspuls 16
Intervalltraining 17
Die Nordic-Walking-Ausrüstung 18
Die Stöcke: leicht und schwingungsarm 18
Der Schuh: geländegängig und gedämpft 18
Die Bekleidung: für jedes Wetter 19

So geht's los 20

Die wichtigsten Trainingsgrundlagen 21
Die Technik macht's 21
Richtig atmen 21
Schritt für Schritt unterwegs 22
Die ersten Schritte 22
Der Bewegungscheck 23
Jetzt kommen die Stöcke zum Einsatz 24
Grundregeln für den Stockeinsatz 24
Übungen, die den Einstieg erleichtern 24
Bewegungspotenzial ausschöpfen 25
Der Muskel-Pumpeffekt 26
Der komplette Bewegungsablauf 27
Technikfehler vermeiden 28
Vermeidbare Fehler 28
Warm-up mit Stöcken 30
Lockeres Vorwärmen 30
Richtig in Schwung kommen 30
Kräftigungsübungen mit Stöcken 32
Ausgangsposition 32
Dehnübungen mit Stöcken 34
Richtig dehnen 34

Power-Techniken 36

Darf's auch etwas mehr sein? 37
Schalten Sie hoch 37
Nordic Walking für Leistungsbereite 38
Nordic Jogging 38
Bergauf und bergab 38
So werden Sie ein »Nordic Känguru« 40
Kraftvolles Ganzkörpertraining 40
Training zu zweit 42
Partnerübungen mit den Stöcken 42
Spiele mit Stöcken 44
Spielerisches Üben 44

Gesucht – gefunden 46
Buchtipps 46
Hilfreiche Adressen 46
www-Tipps 46
Sachregister 47

Nordic Basics

Wissenswertes vor dem Start

Sie wollen mehr für Ihre Fitness und Gesundheit tun? Dann ist Nordic Walking genau das Richtige für Sie. Denn das sanfte Ausdauertraining ist leicht zu erlernen und erfordert keine teure Ausrüstung. Trotzdem sollten Sie ein paar Dinge wissen, ehe Sie mit dem Training beginnen.

Wie Nordic Walking laufen lernte

Nordic Walking stammt aus Skandinavien, der Heimat des Ski-Langlaufs. Und da passionierte Langläufer eben auch im Sommer trainieren wollen, entwickelte man bereits in den 50er Jahren den »Skigang« – als Sommertraining der drei Disziplinen Langlauf, Biathlon und Nordische Kombination.

Vom Sparten-Training zum Breitensport

Neben den aktiven Sportlern erkannten bald auch Sportwissenschaftler und Physiotherapeuten das unglaubliche Gesundheitspotenzial dieses Ganzkörpertrainings. Sie suchten nach einem Namen für die neue Sportart und nannten sie nach den Skistöcken (Poles) »Pole Walking«.

Der endgültige Durchbruch zum Breitensport gelang jedoch erst in den 90er Jahren, als ein finnischer Sport-Ausrüster einen modernen Stock aus Glasfaser-Carbon entwickelte. Das neuartige Material dämpfte die harten Vibrationen beim Bodenkontakt, die bei den weniger flexiblen Vorgängern häufig Beschwerden verursachten. Denn ein starrer Stock überträgt jede Erschütterung ungebremst auf den Oberkörper.
Aber nicht nur der Werkstoff war neu. Man entwickelte auch ein extrem cleveres Handschlaufen-System: Bei den alten Modellen musste man die Griffe ständig fest umklammern, was zu einer Daueranspannung in der Armmuskulatur führte. Die neuen Poles dagegen haben Schlaufen, so dass man den Griff lockern kann, ohne den Stock zu verlieren. Das verhindert nicht nur Krämpfe, sondern man profitiert auch noch vom »Pumpeffekt« der Arme (siehe auch Seite 24).

Aus Finnland um die Welt

1997 wurde Nordic Walking in Finnland erstmals einem breiten Publikum als eigenständige Fitness-Sportart vorgestellt. Der weltweite Siegeszug begann: Über Skandinavien, die USA und Japan erreichte der Trend zur Jahrtausendwende Mitteleuropa. Während Nordic Walking in den ersten Jahren noch als Insider-Sport galt, erkennen heute immer mehr die Vorteile des neuen Laufsports.

info:

Auf einen Blick

Nordic Walking
- fördert die Herz-Kreislauf-Funktion,
- reguliert Blutdruck und Cholesterin,
- erhöht die O_2-Aufnahme,
- erhöht die Herzfrequenz,
- stärkt die Ausdauer,
- regt verstärkt den Fettstoffwechsel an,
- löst Verspannungen an Schultern und Nacken,
- kräftigt den Oberkörper,
- baut Stress ab.

Nordic Walking – der ideale Ausdauersport

Nordic Walking gilt als gute Einsteiger-Sportart. Das bestätigen auch aktuelle Umfragen, nach denen die meisten Nordic Walker vorher nur wenig oder gar nicht sportlich aktiv waren.

Machen Sie mit

Millionen Menschen haben ein Bewegungsdefizit. Vielleicht gehören auch Sie dazu und suchen nach einer sportlichen Betätigung, bei der Sie sich ausreichend bewegen, ohne sich dabei zu sehr anzustrengen. Ein Sport, bei dem Sie nicht gleich aus der Puste kommen und sich vor anderen blamieren. Denn wer nicht gewohnt ist, sich sportlich zu betätigen und vielleicht noch ein paar Kilo zu viel mit sich herumschleppt, der kommt beispielsweise beim Jogging nicht weit.

Ein Sport für jede(n)

Nordic Walking ist für (fast) jeden machbar – egal ob gut trainiert oder untrainiert, jung oder alt, schlank oder übergewichtig.
Denn beim Nordic Walking hängen Fun und Erfolg nicht von körperlicher Kraft ab. Wenn Sie sich eine Wanderung zutrauen, dann können Sie auch nordisch laufen. Schließlich bestimmen Sie selbst das Tempo, und ebenso die Länge oder Beschaffenheit der Strecke.

info:

NORDIC WALKING FÜR ALLE

Nordic Walking eignet sich

- für alle, die sich einfach mehr bewegen wollen,
- für diejenigen, die lange keinen Sport mehr betrieben haben und sich deshalb in keinen Verein und in kein Fitness-Studio trauen,
- für jeden, der ernsthaft in einen Ausdauersport einsteigen möchte,
- für sportliche Menschen als (zusätzliches) Konditionstraining,
- für Übergewichtige, die einen Weg suchen, ohne allzu große Anstrengung Pfunde abzubauen und
- sogar für Rekonvaleszenten und Reha-Patienten.

Kommunikativer Ganzjahressport

Natürlich können Sie Nordic Walking jederzeit allein betreiben – im Dialog mit Ihrem Körper. Mindestens genauso viel Spaß macht es aber, mit Freunden zu walken. Da die körperliche Belastung gezielt gesteuert wird, können Sie sich nebenbei nämlich prima unterhalten.
Im Gegensatz zu anderen Sportarten spielen Wetter, Jahreszeit und Gelände keine Rolle. Außerdem brauchen Sie weder eine große Ausrüstung, noch müssen Sie eine komplizierte Technik erlernen. Und als ob das nicht schon genug wäre, profitiert Ihre Gesundheit enorm von diesem sanften Training.

Abschalten vom Alltag

Nordic Walker können überall laufen: im Wohngebiet, im Stadtpark oder draußen in der Natur. Auf Straßen und Wegen ebenso wie querfeldein durchs Gelände. Immer geradeaus oder mit eigens eingebauten Extras – Sprüngen oder Laufsequenzen beispielsweise, wie Sie sie bei den Power-Techniken kennen lernen werden (siehe Seite 36 ff.).

Lassen Sie den Stress hinter sich

Die meisten Nordic Walker und Walkerinnen trainieren am liebsten auf ruhigen Feld- und Waldwegen. Kein Wunder, denn in der freien Natur können Sie noch besser vom Alltagsstress abschalten als beim Training in der Stadt. Bietet die Strecke keine großen Steigungen, schaffen auch Anfänger ohne Übung locker fünf bis sechs Kilometer. Und das tut neben dem Körper auch der Seele gut. Denn Nordic-Walking dient nicht nur der Fitness, sondern auch als Entspannungstechnik: Lassen Sie sich einfach vom Rhythmus Ihrer Schritte treiben. Sie haben einen unangenehmen Gedanken? Dann spießen Sie ihn mit den Stöcken auf! Es sieht ja niemand. Atmen Sie den frischen Duft von Wald und Wiese, und lassen Sie den Stress des Tages hinter sich. Konzentrieren Sie sich nur auf Ihre Füße und auf Ihren gleichmäßigen und tiefen Atemfluss.
Spätestens wenn Sie nach dem Training aus der erfrischenden Dusche steigen, werden Sie spüren, wie Body und Soul gleichermaßen von diesem kurzen Nordland-Ausflug profitieren.

Sich völlig auszupowern ist out. Beim Nordic Walking verbrauchen Sie auf sanfte Art eine Menge Kalorien.

Ihr Körper braucht Bewegung

Bis weit ins 20. Jahrhundert war das Leben ein harter Existenzkampf und der Alltag buchstäblich Knochenarbeit. Das ist heute ganz anders: Wo früher Muskelkraft gefragt war, genügt jetzt meist schon ein Knopfdruck.

Zu viel Bequemlichkeit ist ungesund

Von Natur aus ist der Mensch darauf angelegt, seine Muskeln möglichst viel zu benutzen. Heute verbringen wir dagegen den gesamten Arbeitstag am Schreibtisch, sitzen stundenlang am Steuer oder verrichten die immer gleichen Routine-Bewegungen.

Nach Feierabend machen wir es uns auf dem Sofa bequem – unser Muskelapparat wird dabei ebenfalls kaum beansprucht. Und darunter leidet er: Zivilisationsbeschwerden wie Rückenschmerzen und Übergewicht sind die Folge. Aber nicht nur unsere Arbeit ist weniger anstrengend geworden, wir bewegen uns auch sonst viel weniger. Statt zu laufen, fahren wir mit dem Auto oder öffentlichen Verkehrsmitteln. Dieser »Fortschritt« hat seinen Preis. Vordergründig scheint er eine Entlastung für uns zu sein. Aber wir leben dafür einseitiger und unnatürlicher. Denn wenn die körperliche Entlastung zu groß wird, wird sie für den Körper zur Belastung.

Die häufigsten »Problemzonen«

Es gibt Körperpartien, die auf Fehlbelastung besonders empfindlich reagieren: Schulter- und Nackenbereich, die Partie um Becken und Hüfte oder Knie- und Sprunggelenke. Um dies zu verhindern, müssen Sie (wieder) aktiv werden, Ihre Muskeln kräftigen und Ihre Bewegungskoordination fördern, zum Beispiel mit Nordic Walking.

> **tipp:**
>
> **MIT NORDIC WALKING GEGEN SCHMERZ**
>
> Unzureichende Bewegung und die Fehlbelastung der Wirbelsäule verursachen Schmerzen im Rücken sowie im Schulter- und Nackenbereich. Nordic Walking hilft, gegen Fehlbelastung vorzugehen und Beschwerden zu lindern. Denn es löst Verspannungen und kräftigt die Muskulatur.

Hals, Nacken und Schulter

Werden Oberkörper und Arme nicht ausreichend mit Blut und Sauerstoff versorgt, kömmt es zu Beschwerden in diesen Bereichen. Vor allem diejenigen von uns, die den ganzen Tag über sitzen (zum Beispiel am Schreibtisch oder vor dem PC), kennen diese Problemzonen nur zu gut. Durch die monotone Haltung und immer gleiche Bewegungsabläufe verkürzen sich nicht selten die Muskeln – an beiden Körperseiten

oder auch einseitig. Es kommt zu so genannten Muskeldysbalancen, also zu einem Ungleichgewicht zwischen verschiedenen Muskeln.
Das Schlimme daran: Der schwache Muskel behindert als schwächstes Glied in der Kette die restliche Muskulatur.
➤ Nordic Walking hilft! Denn durch den aktiven Einsatz der Arme werden Verspannungen im Schulter- und Nackenbereich gelöst, und die gesamte Rückenmuskulatur wird gekräftigt.

Lenden, Becken und Hüfte

Die häufigsten Ursachen für eine Schonhaltung dieser drei Körperpartien sind Verletzungen und Operationen an Fuß, Knie und Hüfte. Man belastet nur noch eine (nämlich die gesunde) Seite, wodurch das harmonische Zusammenspiel zwischen linker und rechter Körperhälfte empfindlich gestört wird.
Auch eine angeborene Fehlhaltung (Hüftdysplasie, Hüftreifestörung) oder eine ausgerenkte Hüfte (Hüftluxation) können Probleme auslösen.
➤ Das bewusste Abrollen der Füße beim Nordic Walking entspannt diesen Bereich und macht den unteren Rücken beweglicher. Zudem kräftigt die typische Diagonalbewegung die Hüftmuskulatur.

Kniegelenke

Problemfaktor Nummer 1: die Menisken, die bei einer Überbelastung des Kniegelenks reißen können. Werden sie teilweise entfernt, treten Veränderungen an Gelenken und Knorpelmasse auf.
Andere Ursachen für Beschwerden können eine Kniescheibenfraktur oder eine Verletzung des Innen- und Außenbandes bzw. des Kreuzbandes sein. Auch rheumatische und degenerative Prozesse (Arthrose) führen zu Schmerzen, Schonhaltung und Bewegungsmangel.
➤ Beim Nordic Walking werden die Knie entlastet. Etwa ein Drittel des Körpergewichts fangen die Stöcke ab.

Sprunggelenke

Das Fußgelenk besteht aus dem oberen und dem unteren Sprunggelenk. Wenn Sie mit dem Knöchel umknicken, können die elastischen Bänder dazwischen reißen. Durch die Hebelwirkung kann es gleichzeitig zum Bruch des Wadenbeins kommen.
➤ Nordic Walking entlastet wegen der Gewichtsverteilung.

Schwachstellen des Körpers

Aktivprogramm gegen Verspannungen

Gebrauchen wir unsere Muskeln nicht regelmäßig, verkümmern sie. Wenn wir uns also zu wenig bewegen, schwindet unsere Muskelmasse schnell dahin.
Eine falsche Haltung, zum Beispiel krummes Sitzen, beeinträchtigt den Bewegungsapparat zusätzlich. Denn wenn die aufrichtende und stützende Muskulatur zu schwach ist, sinkt der Körper in sich zusammen. Dies wiederum führt zu einer Verkürzung und Verspannung der anderen Muskeln.
Bis zu einem bestimmten Grad merken Sie davon vielleicht gar nichts. Ist dieser Punkt jedoch überschritten, spüren Sie Schmerzen. Und genau dann beginnt der Teufelskreis. Denn natürlich wollen wir die schmerzenden Partien schonen – und bewegen uns deshalb noch weniger. Das wiederum erhöht die Verspannung und den Muskelabbau und löst so neue Schmerzen aus.

Rückenfalle Büro: Wer ständig mit krummem Rücken vor dem Computer sitzt, kann mit Nordic Walking seine Haltung wieder in Schuss bringen.

tipp:

UNTERSTÜTZENDE STÖCKE

Die Stöcke helfen Ihnen dabei, wieder mit dem Training zu beginnen. Da Sie sich abstützen können, verschwindet die Angst vor Schmerzen, und Sie finden leichter zu den natürlichen Bewegungsabläufen zurück.

Seien Sie netter zu Ihren Muskeln

Natürlich gibt es zahlreiche Dinge, wie ergonomisch optimierte Sitzmöbel oder orthopädische Matratzen, die dabei helfen, die Schmerzen zu lindern. Doch sie kurieren in der Regel nur die Symptome, anstatt von Grund auf gegen das Übel vorzugehen.

Deshalb ist Ihr aktives Handeln gefragt: Sorgen Sie für einen Ausgleich zwischen den Muskelgruppen, indem Sie gezielt jene Muskelpartien beanspruchen, die Sie bei Ihrer gewohnten (falschen) Lebensführung nicht oder kaum noch einsetzen.

Anti-Schmerz-Prophylaxe

Regelmäßiges Nordic Walking ist eine besonders wirksame Methode, um den beschriebenen Teufelskreis aus Rückbildung und Schmerzen zu durchbrechen. Es hilft Ihnen dabei, die durch Bewegungsmangel entstandenen Defizite auszugleichen. Die Wirkungsweise ist ganz einfach: Denn indem Sie bei jeder Bewegung viele Muskeln beanspruchen und kräftigen, verschwinden die Verspannungen.
Vor allem aber wird beim Nordic Walking die rückwärtige (dorsale) Muskulatur gekräftigt, die entscheidend ist für eine gute Haltung und eine gesunde Wirbelsäule.

Nordic Walking als Reha-Sport

In Anbetracht der vielfältigen positiven Gesundheitseffekte setzen auch immer mehr Physiotherapeuten bei der Behandlung ihrer Patienten auf Nordic Walking. Sie erzielen damit beachtliche Erfolge. Für Patienten, die sich eine Sportverletzung zugezogen haben, einen schweren Unfall hatten oder sich einer orthopädischen Operation unterziehen mussten (zum Beispiel Hüft- und Kniegelenkersatz), ist Nordic Walking ein ideales Bewegungstraining. Denn es kräftigt nicht nur die Muskulatur, sondern hilft auch, das Zusammenspiel von Armen und Beinen neu einzuüben. Das ist besonders für solche Patienten von Vorteil, die sich durch ihre Verletzung eine Schonhaltung angewöhnt haben und beispielsweise das »kranke« Bein nur noch wenig belasten, obwohl das gar nicht nötig wäre.

info:

Ausgewogenes Ganzkörperprogramm

Mit der richtigen Technik richtet sich der Körper beim Nordic Walking automatisch auf. Die verbesserte Körperhaltung führt zu einer Straffung des Gewebes und zum gezielten Aufbau geschwächter Muskeln. Die verbesserte Durchblutung bewirkt auch eine bessere Ernährung des Körpergewebes. Die Muskelverspannung lässt nach.

Walken statt OP

Nordic Walking hat sich neben der Reha auch bewährt, um mit einem gezielten Kräftigungstraining eine orthopädische Operation hinauszuschieben oder im besten Fall sogar ganz zu vermeiden. Denn oft lindert eine starke Muskulatur den Schmerz. Schließlich stützt sie die entsprechende Körperpartie und entlastet dadurch die betroffenen Gelenke bei jeder Bewegung.

Rundum fit und gut gelaunt mit Nordic Walking

Regelmäßiges Nordic Walking hat nicht nur einen nachweislich stärkenden Effekt auf den Muskelapparat. Es hält auch das Herz-Kreislauf-System gesund, schont die Gelenke, verbrennt eine große Portion Kalorien und hat noch dazu eine positive Wirkung auf unsere Psyche.

Stärken Sie Herz und Kreislauf

Sportmedizinische Studien belegen, dass sich das Walken mit Poles äußerst positiv auf Herz und Kreislauf auswirkt. Der Grund: Bei einer Laufgeschwindigkeit von fünf Kilometern in der Stunde liegt die Herz-Kreislauf-Beanspruchung um rund zehn Prozent höher als beim normalen Walken. Darüber hinaus sorgt das weite Ausholen der Arme dafür, dass der Brustkorb sich weitet und Sie tief atmen können. Dadurch steigt der Sauerstoffgehalt im Blut um bis zu 50 Prozent, und das wirkt sich positiv auf die Herz-Kreislauf-Leistung aus.

tipp:

FÜNF GOLDENE REGELN

- Für Nordic Walker ist ein sauerstoffreiches Training wichtig (siehe Seite 14 f.).
- Wenn Sie ernsthaft trainieren möchten, empfiehlt sich die Kontrolle der Herzfrequenz mit einem Pulsmessgerät.
- Die Wahl des Trainingslevels hängt vom Grad der körperlichen Fitness ab.
- Ziel des Trainings ist die Besserung der kardiovaskulären Fitness, also eine bessere Sauerstoff- und Energieversorgung des Körpers (siehe Seite 15).
- Übertreiben Sie es nicht mit dem Tempo. Sie sollten beim Walken immer noch in der Lage sein, sich nebenbei zu unterhalten.

Schonen Sie Ihre Gelenke

Schon normales Walken ist wesentlich (gelenk)schonender als Joggen. Die nordische Variante übertrifft dies noch! Denn dank der Stöcke ist das Körpergewicht gleichmäßig auf alle vier »Extremitäten« verteilt. Das entlastet die Wirbelsäule, Hüft-, Knie- und Sprunggelenke. Mediziner und Physiotherapeuten bestätigen es: Richtig durchgeführt verursacht Nordic Walking keinerlei orthopädische Schäden.

Erhöhen Sie Ihren Kalorienverbrauch

Durch den Stockeinsatz ist auch der Energieumsatz höher als beim klassischen Walking. Dieses Plus schlägt sich auch im Kalorienverbrauch nieder – rund 40 Prozent mehr sind es beim Nordic Walking. Wenn Sie also ein paar Pfunde loswerden wollen, ist diese Sportart genau die Richtige für Sie.

Wie Sie Ihre Fett-Depots anzapfen

Unser Körper kann Energie aus zwei unterschiedlichen Depots ziehen:

- aus Kohlenhydraten, die er in Form von Glukose in Leber und Muskulatur speichert, und
- aus Fetten, die er als Fettsäuren im Unterhautfettgewebe bunkert.

Wenn Sie mit Nordic Walking abnehmen wollen, müssen Sie Ihren Körper dazu bringen, die benötigte Energie nicht aus den schnell verfügbaren Kohlenhydratreserven zu zapfen, sondern aus seinen Fett-Depots. Dabei kommt es ganz entscheidend auf Ihr Tempo an. Denn welcher Energielieferant bevorzugt wird, hängt in erster Linie von der Belastungsintensität ab: Strengen Sie sich sehr an, versorgt sich der Körper vorwiegend aus Kohlenhydratspeichern. Bei mäßiger Belastung zapft er dagegen seine Fettsäure-Depots an und schaltet auf Fettverbrennung. Wer also vor allem (überschüssiges) Fett verbrennen möchte, darf nicht zu schnell laufen. Im Gegenzug muss jedoch die Trainingsdauer umso länger sein. Walken Sie also statt kurz und schnell lieber lang und in mäßigem Tempo – 45 Minuten sollten es schon sein. Sie laufen dann ganz entspannt durchs Gelände und wissen: Die belastenden Pfunde purzeln.

Verbessern Sie Ihre Laune

Nordic Walking stärkt nicht nur den Körper, sondern verbessert das allgemeine Wohlbefinden auch auf psychischer Ebene. Indem Sie sich aktiv in der Natur bewegen, gewinnen Sie Abstand zum Alltag. Walken kann auch dabei helfen, Stress- und Problemsituationen besser zu bewältigen. Schließlich steigert die frische Luft nicht nur die Konzentrationsfähigkeit, Ihr Körper setzt auch das Kreativitätshormon ACTH frei.

tipp:

WER FIT SEIN WILL, MUSS VIEL TRINKEN!

Unser Körper besteht zum größten Teil aus Wasser. Und unser Organismus funktioniert auch nur dann optimal, wenn wir ihm regelmäßig genug Flüssigkeit zuführen.

- Trinken Sie mindestens 2 Liter am Tag. Wer aktiv ist und Sport treibt, sollte noch mehr trinken: 1 Liter pro Stunde Sport.
- Decken Sie den Flüssigkeitsbedarf mit Fruchtsaftschorle (1 Teil Saft, 3 Teile Wasser), Mineralwasser, Früchte- oder Kräutertee.
- Kaffee, Tee und Alkoholika zählen nicht. Im Gegenteil: Für jede Tasse bzw. jedes Glas sollten Sie ein Extraglas Wasser dazurechnen.

Das richtige Trainingstempo

Wenn Sie sich nur ein bisschen mehr an der frischen Luft bewegen wollen, können Sie einfach drauflos walken. Wer jedoch seine Leistungsfähigkeit durch ein gezieltes Training nach und nach steigern möchte, sollte besser ganz systematisch ans Nordic Walking herangehen.

Besser geht's mit Sauerstoff

Damit der Fettstoffwechsel reibungslos funktioniert, brauchen die Zellkraftwerke des Körpers (Mitochondrien) ausreichend Sauerstoff. Diese Energiebereitstellung nennt man »aerob«.
Im Gegensatz dazu können wir Energie auch anaerob (ohne Sauerstoff) gewinnen. Dabei greift der Körper allein auf die in den Muskelzellen gespeicherten Kohlenhydrate zurück und lässt die Fettzellen links liegen. Der Nachteil der anaeroben Energieversorgung: Sie reicht nur für kurze Belastungen, beispielsweise einen 100-Meter-Sprint. Wird der Körper länger gefordert, übersäuern die Muskeln, und die Leistung sinkt rapide.

Aerobes Training

Woran jedoch erkennen Sie, ob Sie im aeroben Bereich trainieren? Ganz einfach: So lange Sie in einem Tempo laufen, bei dem Sie sich noch unterhalten können, ohne nach Luft zu schnappen, ist alles im grünen Bereich. Damit haben Sie stets einen guten Indikator, ob Sie richtig trainieren. Im anaeroben Bereich müssen Sie nämlich um Luft ringen, und dieses »Sauerstoff-Minus« macht schweigsam. Zudem steigt der Puls an: Das Herz muss schneller pumpen, um die Muskeln mit Blut und Sauerstoff zu versorgen.

> **tipp:**
>
> **BELASTUNGSINTENSITÄT**
>
> ➤ Laufen Sie nur so schnell, dass Sie dabei ruhig und tief atmen können, um dem Körper genug Sauerstoff bereitzustellen.
>
> ➤ Die Belastungsintensität sollte 65–85 % der maximalen Herzfrequenz betragen (siehe Seite 16).

Kontrolle der Herzfrequenz

Präziser als der »Schwätzchen-Check« ist die Kontrolle der Herzfrequenz. Dazu gibt es zwei Möglichkeiten:

Manuelle Eigenkontrolle

Unterbrechen Sie das Walken. Fühlen Sie zehn Sekunden Ihren Puls am Handgelenk. Multiplizieren Sie den Wert mit sechs, dann wissen Sie, wie hoch Ihre Hezfrequenz pro Minute ist. Ganz genau ist jedoch auch dieser Wert nicht. Denn sobald Sie zum Messen stehen bleiben, flacht der Puls ab. Der Vorteil dieser Methode: Sie kostet nichts.

Mit einem Pulsmessgerät können Sie Ihre Herzfrequenz während des Trainings genau kontrollieren.

Digitale Messung

Weitaus genauer ist die Pulskontrolle mit einem speziellen Herzfrequenz-Messgerät. Damit können Sie Ihre Herzfrequenz ablesen, ohne das Training zu unterbrechen. Zudem lassen sich vor dem Laufen ein individueller Ober- und Unterwert programmieren. Über- oder unterschreiten Sie diesen Trainingspuls, ertönt ein akustisches Signal. Sie können dann Ihr Tempo sofort drosseln oder anheben.

info:

JEDE(R) IST ANDERS

Die Trainingsherzfrequenz ist abhängig von der individuellen Belastung und Leistungsfähigkeit. Deshalb werden zehn Menschen zehn unterschiedliche Herzfrequenzen aufweisen, auch wenn sie exakt im gleichen Tempo laufen. Der eine muss sich mehr anstrengen, das Tempo zu halten, der andere weniger. Wie Ihr Körper Belastungen wegsteckt und ab welcher Schwelle Sie kurzatmig werden und in den anaeroben Bereich fallen, das können Sie jedoch durch gezieltes Training beeinflussen.

Die kardiovaskuläre Fitness verbessern

Einer der wichtigsten Gradmesser der Leistungsfähigkeit des Körpers ist die kardiovaskuläre Fitness. Sie beschreibt das Verhältnis der Sauerstoffmenge, die bei Belastung zu den beanspruchten Muskeln transportiert wird, und der Effizienz, mit der die Muskeln diese nutzen. Wenn Sie Ihre kardiovaskuläre Fitness verbessern, erhöhen Sie die Versorgung des Körpers mit Sauerstoff und Energie liefernden Nährstoffen. Folge: Sie haben mehr Ausdauer.

Aktiv in jedem Lebensalter

Die kardiovaskuläre Fitness ist abhängig von Alter und Geschlecht, von Bewegungsgewohnheiten, erblichen Anlagen und dem allgemeinen Gesundheitszustand. Zwischen 20 und 30 erreichen wir unseren höchsten Fitnesslevel. Mit zunehmenden Alter nimmt die Belastbarkeit ab. Bei einem passiven Lebensstil verringert sich die allgemeine aerobe Leistungsfähigkeit pro Jahrzehnt um zehn Prozent. Ein aktiver Lebensstil kann den Leistungsrückgang dagegen auf unter fünf Prozent senken. Wie lange Sie fit sind, kommt also vor allem auf Sie selbst an.

Die vier Trainingszonen

Beim Herzfrequenz-Training lassen sich vier Trainingsbereiche unterscheiden. Wenn Sie die Lust am Walken nicht verlieren wollen, ist es wichtig, sich gerade am Anfang nicht zu überfordern. Denn das schwächt die Motivation. Beginnen Sie also auf Level 1, und steigern Sie sich kontinuierlich. Ganz wichtig: Ehe Sie zum nächsthöheren Level wechseln, müssen Sie den vorausgegangenen gut beherrschen. Im Durchschnitt dauert es sechs bis acht Wochen, bis nachweisbare Fortschritte der kardiovaskulären Fitness zu verzeichnen sind. Anfänger können schneller Fortschritte registrieren je aktiver Sie bereits sind, desto länger dauert dies.

tipp:

PROGRAMM FÜR EINSTEIGER

➤ Intensität: Grundlagenausdauertraining 1
➤ Dauer: ca. 30 Minuten (kontinuierliche Belastung mittlerer Intensität)
➤ Trainingshäufigkeit: 2–3 x pro Woche

Der optimale Trainingspuls

Um den optimalen Trainingspuls zu ermitteln, müssen Sie zunächst Ihre maximale Herzfrequenz (MHF) bestimmen. Diese bezeichnet den höchstmöglichen Puls, den Sie bei körperlicher Belastung erreichen können.
Die MHF lässt sich mithilfe folgender Formeln errechnen:
➤ Frauen: 226 minus Alter,
➤ Männer: 220 minus Alter.

Level 1: Gesundheitszone

➤ Grundlagenausdauertraining Stufe 1
➤ Trainingsherzfrequenz: 50 bis 60 Prozent der MHF
➤ Ziel: Allgemeines Gesundheitstraining, Stressreduktion, Regeneration, Prävention, Rehabilitationstraining, Herzpatienten-Sport
➤ Bewertung: Sehr leichtes Training (Dauermethode)

tipp:

PROGRAMM FÜR FORTGESCHRITTENE

➤ Intensität: Grundlagenausdauertraining 2
➤ Dauer: 45–60 Minuten (mittlere bis hohe Intensität)
➤ Trainingshäufigkeit: 3–5 x pro Woche (Fettstoffwechseltraining)

Level 2: Fettstoffwechsel-Zone

➤ Grundlagenausdauertraining Stufe 2
➤ Voraussetzung: Grundlagenausdauertraining Level 1
➤ 65 bis 75 Prozent der MHF
➤ Ziel: Fettstoffwechseltraining (Steigerung der Fettverbrennung), Stabilisierung des Herz-Kreislauf-Systems, Erhöhung der muskulären Enzyme für aeroben Stoffwechsel

➤ Bewertung: Empfohlener Bereich für Einsteiger. In diesem Bereich können Sie die Belastung auch über längere Zeit gut durchhalten, ohne dass Anstrengung und Verletzungsrisiko zu groß werden.

Level 3: Fitness-Zone

➤ Voraussetzung: Grundlagenausdauertraining Level 1 und 2
➤ 70 bis 85 Prozent der MHF
➤ Ziel: Die Verbesserung der aeroben Muskelausdauer und die Erhöhung der aeroben Kapazität
➤ Bewertung: Etwas härteres Training (»echtes« Ausdauer- bzw. Herz-Kreislauf-Training)

Level 4: Hochleistungs-Zone

➤ Voraussetzung: Grundlagenausdauertraining Level 1 und 2 sowie Fitness-Zone
➤ 85 bis 100 Prozent der MHF
➤ Ziel: Verbesserung der anaeroben Kapazität, Erhöhung der Schwelle, ab der Muskeln übersäuern, sowie der Wettkampfgeschwindigkeit.

Wenn Sie zu zweit oder in der Gruppe walken, sollten Sie sich auf ein mittelschnelles Tempo einigen, bei dem Sie sich noch unterhalten können.

➤ Bewertung: Intensives Training auf Wettkampfniveau

Intervalltraining

Wenn Sie das Gefühl haben, nicht weiterzukommen, und Ihre Leistung steigern wollen, empfiehlt sich ein Intervalltraining mit Level 3 und 4. Intervalltraining bedeutet, dass Sie nicht über einen bestimmten Zeitraum mit stets gleichmäßiger Belastung laufen, sondern sich Phasen mit mittlerer und hoher Intensität kontinuierlich abwechseln. Dadurch verbessern Sie zum einen Ihre Ausdauer, und zum anderen lernt Ihr Körper, das Tempo trotz aufkommender Ermüdung (Übersäuerung) auf hohem Niveau zu halten. Voraussetzung ist ein solides Grundlagenausdauertraining, damit die »Basisfitness« stimmt und die Ausdauer groß genug ist.

Die Nordic-Walking-Ausrüstung

Nordic Walking ist auch deshalb ein wahrer Volkssport, weil er wenig kostet. Außer vernünftigen Schuhen und den zwei Nordic-Walking-Stöcken brauchen Sie keine spezielle Ausrüstung.

Die Stöcke: leicht und schwingungsarm

Das wichtigste Utensil beim Nordic Walking sind die Poles. Gute Markenstöcke kosten rund 100 Euro. Sie zeichnen sich durch geringes Eigengewicht, extreme Belastbarkeit und lange Haltbarkeit aus. Idealerweise bestehen sie aus Carbon oder einer Carbon-Glasfaser-Mischung. Beide Materialien übertragen keine belastenden Schwingungen auf Hand-, Ellenbogen- und Schultergelenke. Dies ist nicht nur bei Alu-Stöcken ein Problem, sondern auch bei zweiteiligen Teleskopstöcken. Letztere sind zudem weniger stabil und daher für einige Kraft- und Dehnübungen nicht gut geeignet.
Zusätzliche Gummipads, die einfach über die Stockspitzen gezogen werden, sind ratsam, wenn Sie auf hartem, glattem Untergrund laufen wollen (beispielsweise Asphalt). So haben die Poles mehr Griff.
Die individuell verstellbaren Handschlaufen sorgen dafür, dass Sie den Stock nicht verlieren, auch wenn Sie den Griff lockern oder die Hand öffnen. Da die Griffe und Schlaufensysteme von Hersteller zu Hersteller variieren, sollten Sie sich im Fachgeschäft beraten lassen, um die Poles zu finden, mit denen Sie am besten zurechtkommen.

tipp:

DIE STOCKLÄNGE

➤ Stöcke sind in Längen von 100 bis 135 cm erhältlich. Welche zu Ihnen passen, richtet sich v. a. nach der Körpergröße. Als Faustregel zur Berechnung gilt: Körpergröße x 0,7.

➤ Auch die Beinlänge spielt eine große Rolle! Wer eher kurze Beine, dafür aber längere Arme hat, braucht einen kürzeren Stock. Lassen Sie sich auch hier in einem Fachgeschäft beraten.

Der Schuh: geländegängig und gedämpft

Wie bei jedem anderen Laufsport auch sind natürlich die Schuhe sehr wichtig. Einige Hersteller bieten bereits spezielle Nordic-Walking-Schuhe an. Diese berücksichtigen die spezifische Abrollbewegung des Fußes ebenso wie die Tatsache, dass ein Teil der Druckbelastung des Fußes durch den Stockeinsatz abgefangen wird.
Wenn Sie bereits gute Laufschuhe oder leichte Trekkingschuhe besitzen, können Sie auch damit walken. Achten Sie jedoch auf die Sohle: Wer im Gelände läuft, braucht ein griffiges Profil.

Die Bekleidung: für jedes Wetter

Im Grunde gibt es kein Wetter, bei dem Sie nicht walken könnten – vorausgesetzt, Sie tragen die richtige Kleidung. Lediglich bei extremer Hitze bzw. Kälte sollten Sie mit dem Training aussetzen.

Die Grundausrüstung

Egal, ob Hose, Shirt, Jacke oder (Schirm-)Mütze: In erster Linie müssen Sie bei der Kleiderwahl beachten, ob Sie der prallen Sonne ausgesetzt sind oder sich vor Kälte und Regen schützen müssen.

tipp:

Walken bei Kälte

Auch im Winter können Sie ohne Sorge bei Wind und Wetter trainieren. Je kälter es ist, desto intensiver sollte Ihr Aufwärmprogramm sein, bis Sie Ihre individuelle Laufgeschwindigkeit erreicht haben. Atmen Sie durch die Nase, um die Luft etwas anzuwärmen.

Wenn Sie sich einen neuen Laufdress zulegen wollen, sollten Sie sich auf jeden Fall für atmungsaktive Textilien entscheiden. Sie speichern weder Schweiß noch Regen, schützen vor Wind und regulieren so die Körperwärme. Das ist wichtig, wenn Sie keine Erkältung bekommen wollen. Haben Sie ein funktionelles Outfit gewählt, dürfen Sie nicht vergessen, dass bereits eine Lage Feuchtigkeit saugende Baumwolle die Klimaregulierung stört. Das gilt auch für die Unterwäsche: Spezielle Sportslips und Sport-BHs – den übrigens alle Frauen beim Nordic Walking tragen sollten, egal ob Sie einen kleinen oder großen Busen haben – aus atmungsaktiven Fasern sind daher kein Luxus.

Der Zwiebellook

Es hat sich bewährt, mehrere Schichten zu tragen. Sind Sie nämlich zu leicht angezogen, können Sie auskühlen und sich erkälten. Tragen Sie dagegen zu dicke Kleidung, kann es zu einem Hitzestau kommen, der einen rapiden Leistungsabfall nach sich zieht. Auf der sicheren Seite sind Sie, wenn Sie sich im so genannten Zwiebellook kleiden: Dann können Sie Stück für Stück ablegen, wenn es zu heiß wird, oder (wieder) an ziehen, wenn Sie frösteln. Auf keinen Fall sollten Sie bei schlechtem Wetter auf eine Mütze verzichten. Schließlich verliert der Mensch immerhin zwei Drittel seiner Wärme über den Kopf.

Gute Schuhe und die Stöcke – mehr brauchen Sie nicht, um mit Nordic Walking zu starten.

So geht's los

Grundtechnik leicht gemacht

Wer meint, es würde reichen, einfach mit zwei Laufstöcken drauflos zu marschieren, täuscht sich. Denn eine gewisse Technik gehört schon dazu, wenn Sie die positiven Effekte dieser Ausdauersportart für sich nutzen wollen. In diesem Kapitel lernen Sie deshalb Schritt für Schritt, worauf es beim Nordic Walking wirklich ankommt.

Die wichtigsten Trainingsgrundlagen

Beim Nordic Walking laufen Sie nicht wie im »alltäglichen« Leben. Durch die richtige Technik wird das Gehen zum dynamischen Ausdauersport.

Die Technik macht's

Drei Gründe sprechen für die richtige Walkingtechnik:

1. Sie steigern Ihre Belastbarkeit und Leistungsfähigkeit. Denn wenn Sie sich richtig bewegen, trainieren Sie nicht nur Ihre Beine, sondern auch den gesamten Oberkörper und die Arme.

2. Sie lernen, schneller zu laufen. Wenn Beinarbeit und Stockeinsatz stimmen, schonen Sie Ihre körpereigenen Energieressourcen. Und das wirkt sich auch auf das Tempo aus.

3. Sie sorgen dafür, dass die Gelenke nicht überlastet werden, und verhindern so, dass es zu Beschwerden des Bewegungsapparats kommt. Durch den richtigen Stockeinsatz beugen Sie außerdem Verspannungen an Armen und Händen vor.

Richtig atmen

Wenn wir uns anstrengen, benötigen wir mehr Sauerstoff als unter normaler Belastung. Aus diesem Grund kann es passieren, dass Anfänger auch beim Nordic Walking erst einmal außer Atem geraten. Damit es gar nicht erst so weit kommt, hilft die richtige Atemtechnik.

Gleichmäßig atmen

Atmen Sie immer im Rhythmus Ihrer Schritte, und immer ein bisschen länger aus als ein: Also beispielweise drei Schritte durch die Nase einatmen, vier Schritte durch den Mund wieder ausatmen. Atmen Sie nicht durch den Mund ein, denn dann ist die Luft, die in die Lunge gerät, zu kalt und kann Schmerzen verursachen.

Wenn Ihnen dennoch einmal die Puste ausgeht und Sie durch den Mund einatmen müssen: Reduzieren Sie das Tempo, bis Sie stehen bleiben. Nach einer kurzen Pause, in der Sie wieder nur durch die Nase einatmen, geht es dann entspannt weiter.

tipp:

Schnelle Hilfe bei Seitenstechen

Wenn Sie zu heftig und/oder zu unregelmäßig atmen, nehmen Sie zu wenig Sauerstoff auf, und es kommt zu Seitenstechen. Das hilft:

1. Bleiben Sie stehen. Heben Sie die Hände mit den Handflächen nach oben vor den Bauch. Die Fingerspitzen zeigen zueinander.

2. Atmen Sie ein, und ziehen Sie die Arme nach oben. Die Hände sind auf Nasenhöhe.

3. Beim Ausatmen drehen Sie die Handflächen nach unten und lassen die Arme langsam wieder absinken.

➤ Mehrmals wiederholen.

Schritt für Schritt unterwegs

Sie haben zum ersten Mal die Stöcke in den Händen und brennen darauf loszulaufen? Tun Sie das – aber konzentrieren Sie sich zunächst einmal auf Ihre Beine.

Beim Nordic Walken rollen Sie den Fuß von der Ferse bis zu den Zehen ab.

Die ersten Schritte

Arme, Beine und Rumpf bewegen sich beim Nordic Walken nicht viel anders als beim Power-Walking. Machen Sie sich deshalb erst mit der Beinarbeit und den Bewegungen des Oberkörpers und der Arme vertraut, bis Sie die typische Diagonalbewegung wie im Schlaf beherrschen.

Die Beinarbeit

Anders als beim Jogging hat beim Walken immer ein Fuß Kontakt zum Boden – es gibt also keine Flugphase. Typisch für die Walking-Technik ist dagegen das aktive Abrollen der Füße. Dadurch entspannt sich das Becken und wird beweglicher. So geht's:

1. Machen Sie einen Schritt nach vorn, und setzen Sie den vorderen Fuß mit der Ferse am Boden auf.

2. Verlagern Sie Ihr Gewicht nach vorn, und rollen Sie den Fuß bewusst über die ganze Sohle bis zu den Zehen ab.

3. Stoßen Sie sich kraftvoll mit den Zehen vom Boden ab, und machen Sie den nächsten Schritt: Das hintere Bein schwingt nach vorn, und Sie setzen wieder den Fuß mit der Ferse auf.

4. Achten Sie dabei darauf, dass das Knie in dem Moment, wenn der Fuß den Boden berührt, nicht ganz durchgestreckt, und auch während des Abrollens leicht gebeugt ist.

Die Schrittfrequenz

Im Gegensatz zum klassischen Walken, bei dem die Geschwindigkeit über eine höhere Schrittfrequenz – also viele kleine Schritte – gesteigert wird, sind die Schritte beim Nordic Walking lang und groß. Aus diesem Grund ist es wichtig, sich kräftig vom Boden abzustoßen und die Wadenmuskulatur voll zu belasten. Achten Sie jedoch darauf, dass Sie die Füße nicht zu hoch nehmen, sonst verschwenden Sie unnötig viel Energie und bremsen Ihre Geschwindigkeit.

Der Oberkörper

Sobald Sie die Schritttechnik verinnerlicht haben, können Sie auch den Oberkörper in die Bewegung einbeziehen:

1. Neigen Sie den Oberkörper leicht nach vorn. Machen Sie jedoch keinen Buckel – Rücken, Hals und Kopf bilden eine Linie.

2. Ziehen Sie die Schultern nach hinten unten. Dadurch weitet sich der Brustkorb, und Sie atmen (fast) automatisch richtig. Außerdem verspannen Schulter-, Nacken- und Rückenmuskeln nicht.

3. Senken Sie den Kopf nicht ab, auch das kann zu Verspannungen in Hals und Nacken führen. Außerdem erkennen Sie Hindernisse eventuell nicht rechtzeitig.

Die Arme

Lassen Sie nach einiger Zeit Ihre Arme gegengleich vor- und zurückschwingen. Geht das linke Bein nach vorn, kommt der rechte Arm mit – und umgekehrt. Probieren Sie auch diese Bewegung vorerst einmal ohne Stöcke. Lassen Sie dabei die Arme nicht zu stark schlenkern, sondern führen Sie sie eng am Körper. Überkreuzen Sie sie nicht: Die Bewegung verläuft stets parallel zum Körper. Das ist auch später beim Walken mit Poles wichtig, um die richtige Dynamik zu entwickeln. Die Bewegung selbst darf dagegen ruhig groß ausfallen. Vor allem hinter der Hüfte sollten Sie weit ausholen, bis der Arm gestreckt ist.

info:

ÜBUNG MACHT DEN MEISTER

Haben Sie am Anfang etwas Geduld mit sich selbst. Es kann durchaus zwei bis drei Übungseinheiten dauern, bis Sie die verschiedenen Bewegungen richtig koordinieren können. Gerade sehr »kopfbetonte« Menschen, die alles willentlich steuern wollen und sich nur schwer fallen lassen können, haben oft Schwierigkeiten mit der richtigen Arm- und Beinbewegung. Lassen Sie sich davon nicht unterkriegen, sondern nehmen Sie sich die Zeit, den richtigen Takt zu finden.

Der Bewegungscheck

Kontrollieren Sie Ihre Haltung zwischendurch immer wieder: Sind die Schultern locker, oder ziehen Sie sie angespannt nach oben? Ist der Blick nach vorn gerichtet, oder schauen Sie nach unten? Schwingen die Arme im richtigen Rhythmus mit, oder haben Sie versehentlich in den Passgang gewechselt (linkes Bein/linker Arm vorn und umgekehrt)? Wenn nötig korrigieren Sie die Haltung bzw. Bewegung, und machen weiter, bis Sie sich ganz sicher fühlen und die Technik perfekt ist.

Jetzt kommen die Stöcke zum Einsatz

Sobald Sie den Rhythmus gefunden haben, der Ihnen angenehm ist, können Sie auch die Stöcke aktiv einsetzen. Stellen Sie sich dazu einfach vor, Sie stünden auf Langlaufski und wollten sich mithilfe der Poles in Schwung bringen. Setzen Sie die Stöcke schräg nach hinten auf, beugen Sie den Oberkörper etwas vor, und drücken Sie sich kräftig ab. Ganz wichtig: Achten Sie darauf, dass die Schlaufen richtig eingestellt sind. Sie müssen fest sitzen, dürfen aber nicht einschneiden.

Grundregeln für den Stockeinsatz

Damit Sie nicht unnötig Energie verlieren, sondern sich mit aller Kraft abstoßen können, verläuft der Stockschwung stets eng am Körper. Stochern Sie also nicht links oder rechts vom Körper am Boden herum wie ein unsicherer Wanderer auf einem Gebirgspfad. Sie haben jetzt vier »Extremitäten«, und auf denen bewegen Sie sich zielgerichtet voran. Dabei ist der Körper stets leicht vorgeneigt. Die Stöcke zeigen schräg nach hinten und werden nie vor dem Körper eingestochen.

Übungen, die den Einstieg erleichtern

Bevor es richtig losgeht, üben Sie den Einsatz der Arme und Poles, bis Sie ein gutes Gespür für den Bewegungsablauf haben: Wenn Sie mit der linken Ferse aufsetzen, berührt der rechte Stock den Boden, wenn Sie die rechte Ferse aufsetzen, der linke. Wie beim normalen Walking kommt es dabei auch auf den richtigen Schwung an. Denn die Dynamik der Arme bestimmt das Tempo. Außerdem werden nur bei kräftigem Armeinsatz auch die rückwärtigen Muskelgruppen ins Training mit einbezogen.

Erste Übung

1. Schlüpfen Sie in die Schlaufen, und überprüfen Sie den Sitz ein letztes Mal.
2. Gehen Sie einige Meter ganz normal, und lassen Sie die Stöcke hinter sich locker schleifen.
3. Lassen Sie nun die Arme mitschwingen. Achten Sie dabei darauf, nicht in den so genannten Passgang zu fallen, also gleichzeitig den rechten Stock und das rechte Bein bzw. linken Stock und linkes Bein nach vorn oder hinten zu bewegen.

Zweite Übung

1. Jetzt geht es ins Detail: Greifen Sie beim Aufsetzen des vorderen Stocks fest mit der Hand zu. Der Arm ist dabei leicht gebeugt, der Stock zeigt leicht schräg nach hinten.

2. Nun schwingt der Arm mit dem Stock nach hinten. Öffnen Sie dabei die Hand. Die Schlaufe verhindert, dass der Stock zu Boden fällt.

3. Strecken Sie in Hüfthöhe den Ellbogen. Der Arm ist jetzt ganz durchgedrückt, die Hand immer noch geöffnet. Diese Rückbewegung bewirkt eine Rotation im Bereich der Brustwirbelsäule, die einen positiven Effekt auf die Herzfrequenz hat.

4. Jetzt geht es wieder zurück: Ziehen Sie den Arm nach vorn, umfassen Sie dabei den Stock wieder mit der Hand, und setzen Sie ihn am Boden auf. Oberkörper und Hüfte schwingen gleichmäßig und harmonisch in entgegengesetzter Richtung, wodurch die Hüftmuskulatur aktiv trainiert wird.

Bewegungspotenzial ausschöpfen

Nordic Walking beansprucht viele verschiedene Muskelgruppen. Der positive Effekt kann jedoch nur dann zum Tragen kommen, wenn die Bewegungen stimmen: Machen Sie den Arm ganz lang, wenn Sie ihn nach hinten führen, und bewegen Sie den anderen Arm dabei entschlossen nach vorn. Nur so rotieren die Schultern, was eine Kettenreaktion von Muskelbewegungen in Gang setzt.

Damit die Oberkörperrotation stimmt, müssen die Arme aktiv mitarbeiten.

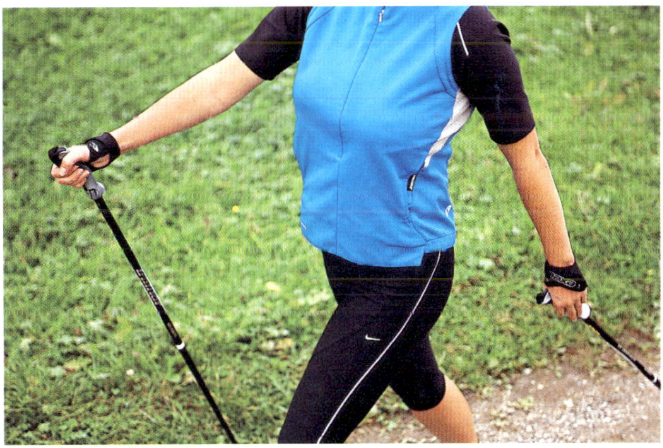

Der Muskel-Pumpeffekt

Ebenso wichtig wie die Bewegung der Arme und Poles ist auch das Öffnen und Schließen der Hände. Gerade dabei machen viele Einsteiger Fehler: Sie vergessen beim Durchstrecken des Armes die Hände zu öffnen und umklammern die Stöcke wie beim Wandern. Dabei verkrampfen die Arm- und die Schultermuskulatur schnell.

Beim Öffnen und Schließen der Hände kommt es dagegen zu einem Muskel-Pumpeffekt, also dem abwechselnden Anspannen und Entspannen der Arm- und Schultermuskeln. Zusammen mit dem Stockeinsatz führt dies zu einer sehr guten Durchblutung im gesamten Oberkörper-, Schulter- und Nackenbereich bis zum Kopf.

Mit der richtigen Technik kommen Sie beim Nordic Walking flott voran, ohne dabei übermäßig zu schwitzen. Überprüfen Sie Ihre Haltung auch während des Walkens regelmäßig, damit sich keine Fehler einschleichen, durch die Sie verkrampfen.

Die positive Wirkung

Durch die verbesserte Sauerstoffversorgung werden zum einen Stoffwechselschlacken abtransportiert, die beim Walken anfallen. Zum anderen wirken die sich gleichmäßig wiederholenden Bewegungsabläufe Verspannungen in den Schultern, im Nacken und im Rücken entgegen.

Nicht zuletzt steigert die verstärkte Durchblutung auch die Leistungsfähigkeit der abgeschwächten Muskelgruppen in diesen Zonen. Dies wiederum trägt zur Stabilisierung der Wirbelsäule bei und unterstützt so die aufrechte Körperhaltung.

Ein weiterer positiver Effekt: Eventuell bereits vorhandene Rückenschmerzen lassen nach, da die Muskelbalance wiederhergestellt wird.

Der komplette Bewegungsablauf

Wenn Sie das Öffnen und Schließen der Hände einige Male geübt haben, können Sie damit beginnen, alle Bewegungselemente miteinander zu verbinden. Damit sich keine Fehler einschleichen, starten Sie langsam und steigern erst nach und nach das Tempo. Los geht's:

1. Der Oberkörper ist entspannt. Sie stehen leicht nach vorn geneigt. Das linke Bein ist vorn, das Knie leicht gebeugt. Die Stöcke halten Sie dicht am Körper.

2. Strecken Sie den rechten Arm leicht gebeugt nach vorn. Der rechte Stock zeigt schräg nach hinten, die Hand ist geschlossen. Den linken Arm strecken Sie gerade nach hinten. Die Hand ist geöffnet, der Stock zeigt schräg nach hinten. Das rechte Bein zeigt ebenfalls fast ganz gestreckt nach hinten.

3. Schwingen Sie nun das rechte Bein nach vorn. Setzen Sie die Ferse am Boden auf,

Beim Einstechen des Stocks in den Boden ist die Hand fest geschlossen.

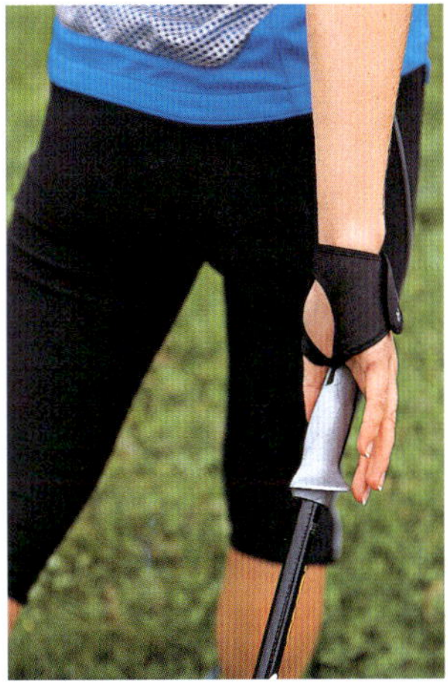

Bei der Rückwärtsbewegung lockern Sie den Griff wieder und öffnen die Hände.

und rollen Sie den Fuß ganz bewusst über die Sohle bis zum Ballen ab.

4. Gleichzeitig mit dem rechten Bein kommt der linke Arm nach vorn. Die linke Stockspitze setzt auf Höhe der rechten Ferse auf. Beim Aufsetzen des Stocks umfassen Sie den Griff fest, als wollten Sie eine Zitrone auspressen. Übertragen Sie den Druck über den ganzen Stock auf den Boden.

5. Der rechte Arm geht währenddessen im Gegenzug nach hinten. Hinter der Hüfte öffnet sich die Hand, der Druck verteilt sich auf die Schlaufe, der Arm ist am Ende ganz gestreckt.

6. Während das linke Bein wieder vorkommmt, schwingt der rechte Arm mit geöffneter Hand nach vorn. Auf Hüfthöhe fassen Sie erneut fest zu und leiten eine neue Bewegungsphase ein.

Technik-fehler vermeiden

Auf die Technik kommt es an, wenn Sie die positiven Effekte des Nordic Walking nutzen wollen. Denn mit einer steifen Körperhaltung, verkrampften Händen oder falschem Stockeinsatz fördern Sie weder Ihre Fitness noch die Gesundheit. Im Gegenteil – Ihre Muskeln können sogar noch mehr verkrampfen als zuvor.

Vermeidbare Fehler

Im Grunde sind es leicht zu behebende (Anfänger-)Fehler, die das Nordic Walking komplizierter erscheinen lassen, als es eigentlich ist.

Passgang

Wenn Sie mit dem linken Bein nach vorn gehen, nehmen Sie den linken Arm mit – und umgekehrt. Richtig ist dagegen die Diagonaltechnik: Bewegen Sie Beine und Arme immer gegengleich.

Zu kurze Schritte

Wenn Sie zu kleine Schritte machen, können Sie die Arme nicht effektiv bewegen. Der Hüftbeugermuskel und die Gesäßmuskulatur werden somit nicht optimal trainiert. Richtig ist es, den Bewegungsradius optimal zu nutzen: Machen Sie also ganz große Schritte und weite Armbewegungen nach hinten.

Senkrechte Körperhaltung

Die Schrittlänge wird auch dann zu kurz, wenn Sie mit senkrechtem Oberkörper walken. Außerdem können Sie sich dann weniger kraftvoll mit den Füßen vom Boden abstoßen. Beugen Sie sich stattdessen beim Laufen leicht nach vorn.

Permanent geschlossene Hände

Umklammern die Hände den Stock ununterbrochen, ist kein Pumpeffekt möglich. Dadurch können Verspannungen im Schulter- und Nackenbereich auftreten.

info:

Das Wichtigste auf einen Blick

1. Strecken Sie die Knie beim Aufsetzen des Fußes nie ganz durch.
2. Rollen Sie die Füße stets von der Ferse bis zu den Zehenballen ab.
3. Bewegen Sie Arme und Beine gegengleich (rechtes Bein und linker Arm vorn – und umgekehrt).
4. Neigen Sie den Oberkörper leicht nach vorn.
5. Ziehen Sie die Schultern nach hinten und unten.
6. Halten Sie die Poles stets schräg nach hinten.
7. Umfassen Sie den Stock beim Aufsetzen fest mit der Hand, und öffnen Sie diese wieder, wenn der Arm nach hinten schwingt.
8. Führen Sie die Arme leicht gebeugt nach vorn und weit gestreckt nach hinten.
9. Atmen Sie durch die Nase ein und durch den Mund aus.
10. Blicken Sie nicht nach unten, sondern nach vorn.

Lassen Sie also die Hände nur am Stock, wenn dieser aktiv zum Einsatz kommt, und öffnen Sie sie, wenn Sie den Arm nach hinten führen.

Zu wenig gestreckter Arm

Sie lassen den Arm nicht weit nach hinten schwingen, sondern stoppen in Höhe des Pos? Durch die kurze Bewegungsspanne wird der Armstrecker (Trizeps) nicht ausreichend aktiviert. Es kommt weder zu einer Rotation in der Brustwirbelsäule, noch wird die Brustmuskulatur gedehnt. Richtig: Den Arm weit nach hinten führen und dabei ganz durchstrecken.

Falscher Stockeinsatz

Sie setzen die Poles gerade auf wie Wanderstöcke. Dadurch wird die Kraftentwicklung nach hinten verhindert und die rückwärtige Muskulatur nicht gestärkt. Stoßen Sie sich immer schrag nach hinten ab.

Körperhaltung Note Eins: Hier stimmt von der Fußarbeit bis zum Stockeinsatz alles.

Warm-up mit Stöcken

Bevor Sie mit dem Walken beginnen, sollten Sie sich wie bei allen Sportarten aufwärmen, um die Durchblutung im ganzen Körper anzuregen. Durch die zusätzliche Blutzufuhr wird auch die Muskulatur mit mehr Sauerstoff versorgt und der gesamte Muskelstoffwechsel auf das Training eingestimmt. Denn gut durchblutete und mit Sauerstoff angereicherte Muskeln sind elastischer und weniger verletzungsanfällig.

Lockeres Vorwärmen

Beginnen Sie das Warm-up, indem Sie mit lockerem Schritt, hängenden Armen und offenen Händen ein wenig auf und ab gehen. Die Stöcke lassen Sie dabei einfach an den Schlaufen mitschleifen. So gewöhnen Sie sich am besten daran, dass die Poles immer dabei sind. Lassen Sie die Arme zwanglos mitpendeln. So fallen Sie bald ganz automatisch in den typisch diagonalen Nordic-Walking-Schritt.
Steigern Sie allmählich das Tempo, und stechen Sie die Stöcke kraftvoll ein.

Richtig in Schwung kommen

Wenn Sie Ihren Rhythmus gefunden und schon etwas Tempo entwickelt haben, ist es Zeit für ein paar einfache gymnastische Übungen – natürlich wieder mit Poles.
➤ Machen Sie jede Übung ein bis zwei Minuten.

tipp:

Kleiner Trainingsplan

Beginnen Sie Ihr Training mit den Übungen auf dieser Seite. Während einer Laufpause kräftigen Sie die Muskeln (siehe Seite 32 f.), nach dem Training wird gedehnt (siehe Seite 34 f.).

Dynamisches Paddeln

Diese Übung können Sie im Stehen oder beim Laufen machen. Sie dient der Koordination von Armen und Beinen.

1. Halten Sie beide Stöcke waagerecht vor dem Körper.
2. Schwingen Sie beide Arme nach rechts, und drücken Sie dabei das rechte Knie angewinkelt nach links.
3. Wechseln Sie die Seite: Die Arme gehen nach links, das angebeugte linke Knie nach rechts.
➤ Im Wechsel weiter so.

Stepptanz

Eine Übung für Ober- und Unterschenkel.

1. Stechen Sie beide Stöcke mit schulterbreitem Abstand vor dem Körper fest in den Boden.

2. Hüpfen Sie mit dem linken Bein nach links, und ziehen Sie das rechte mit.

3. Springen Sie gleich wieder mit dem rechten Bein nach rechts, und ziehen Sie das linke Bein mit.

➤ Hüpfen Sie auf diese Weise ohne Pause abwechselnd nach links und rechts.

Windmühle

Mit dieser Übung bereiten Sie die Schulter- und Armmuskulatur auf das anstehende Training vor.

1. Stellen Sie sich mit leicht gegrätschten Beinen auf. Halten Sie die Stöcke mit ausgestreckten Armen diagonal vor den Körper.

2. Kippen Sie die Poles kraftvoll nach rechts und dann wieder in die andere Richtung.

➤ Lassen Sie die Stöcke im gleichmäßigen Takt abwechselnd nach rechts und links rotieren.

Hubschrauber

Diese Übung dient der Rumpfmuskulatur.

1. Stellen Sie sich mit leicht gegrätschten Beinen hin. Fassen Sie die Stöcke an den Enden mit jeweils einer Hand, und heben Sie die Arme über den Kopf.

2. Drehen Sie nun den Oberkörper abwechselnd nach links und rechts. Achten Sie dabei darauf, dass der Rücken gerade bleibt.

➤ Weiter so. Atmen Sie dabei im Rhythmus der Drehung tief ein und aus.

Kräftigungsübungen mit Stöcken

Wenn Sie regelmäßig Nordic Walking betreiben, wird Ihre rückwärtige Muskulatur automatisch immer kräftiger und Ihre Haltung immer besser. Mit einem leichten Stock-Workout können Sie diesen Effekt noch steigern. Das maßvolle Krafttraining ist für jede Altersgruppe empfehlenswert und baut fehlende Muskelmasse wieder auf. Also: Ran an die Poles!

Ausgangsposition

Die Ausgangsposition ist bei jeder der folgenden vier Übungen gleich:

1. Stellen Sie sich mit leicht gegrätschten Beinen auf, und gehen Sie etwas in die Knie.

2. Ziehen Sie den Bauch ein bisschen ein. Dadurch kippt das Becken automatisch nach vorn, und Sie vermeiden ein Hohlkreuz.

Kraft für die Waden

Die Wadenmuskulatur ist wichtig, damit Sie sich kraftvoll vom Boden abstoßen können und den richtigen Schwung bekommen.

1. Stechen Sie mit beiden Stöcken im schulterbreiten Abstand vor dem Körper in den Boden ein.

2. Stellen Sie sich langsam auf die Zehenspitzen. Lassen Sie dabei den Rücken gerade.

3. Senken Sie die Fersen ebenso langsam wieder ab, und gehen Sie dann gleich wieder nach oben.

Energie für die Oberschenkel

Um kraftvoll laufen zu können, brauchen Sie eine starke Oberschenkelmuskulatur.

1. Halten Sie die Stöcke waagerecht hinter dem Körper. Gehen Sie leicht in die Knie.

2. Schieben Sie mit geradem Rücken den Po nach hinten, als wollten Sie sich auf die Poles setzen. Gehen Sie nicht zu weit nach unten: Ober- und Unterschenkel dürfen keinen rechten Winkel bilden.

3. Richten Sie sich langsam wieder auf, ehe Sie sich erneut »niederlassen«.

tipp:

Richtig trainieren

1. Wiederholen Sie die einzelnen Übungen jeweils ein paar Mal:

➤ Anfänger trainieren nach der »3 x 5-Formel«: drei Durchgänge mit jeweils fünf Wiederholungen.

➤ Für Fortgeschrittene gilt die Formel »3 x 12«, also drei Durchgänge à 12 Wiederholungen.

2. Passen Sie Ihre Atmung immer der Belastung an:

➤ Atmen Sie aus, wenn Sie die Muskeln anspannen ...

➤ ... und wieder ein, wenn Sie die Spannung wieder auflösen.

3. Vergessen Sie die Ruhepausen nicht, die Ihr Körper braucht, um zu regenerieren. Drei Workouts pro Woche sind genug, und dazwischen sollte jeweils ein Tag liegen. Nur so hat der Körper genug Zeit, die Energiedepots wieder zu füllen. Kann er das nicht, bleiben Leistungstiefs nicht aus, und die Motivation sinkt spürbar.

Power für den Po

Auch die Gesäßmuskulatur ist beim Laufen gefordert.

1. Stechen Sie beide Stöcke im schulterbreiten Abstand vor dem Körper fest in den Boden.

2. Verlagern Sie das Gewicht auf das rechte Bein, und stoßen Sie das linke kraftvoll nach hinten in die Luft, ohne es dabei ganz durchzustrecken.

3. Gehen Sie zurück in die Ausgangsposition, verlagern Sie das Gewicht auf das linke Bein, und stoßen Sie das rechte nach hinten.

Starker Rücken

Die letzte Übung können Sie im Stehen, aber auch im Gehen machen. Sie aktiviert die gesamte rückwärtige Muskulatur.

1. Halten Sie beide Stöcke mit ausgestreckten Armen über den Kopf.

2. Heben Sie das linke Bein an, und gehen Sie mit dem rechten auf die Zehenspitzen.

3. Kehren Sie zurück in die Ausgangsposition, und wechseln Sie, ohne eine Pause zu machen, das Bein: rechts hoch, links auf die Zehenspitzen.

Dehnübungen mit Stöcken

Vergessen Sie nach dem Laufen nicht, sich zu dehnen. Das fördert den Abtransport der Stoffwechselschlacken. Außerdem wird die durchs Walken verkürzte Muskulatur wieder in ihre ursprüngliche Länge gedehnt.

Richtig dehnen

Beachten Sie beim Dehnen folgende Grundregeln:

- Dehnen Sie nie kalte Muskeln (Verletzungsgefahr).
- Gehen Sie nur so weit in die Dehnung, wie es Ihnen angenehm ist.
- Lassen Sie den Rücken gerade (kein Hohlkreuz).
- Strecken Sie die Knie nie ganz durch.
- Atmen nicht vergessen.
- Halten Sie jede Position 30 Sekunden. Wippen oder federn Sie dabei nicht nach.

Waden

1. Stechen Sie mit beiden Stöcken vor dem Körper fest in den Boden ein.
2. Strecken Sie das rechte Bein nach hinten aus, das linke geht leicht gebeugt nach vorn. Setzen Sie dabei jeweils den ganzen Fuß auf, und heben Sie beide Fersen nicht vom Boden ab.
3. Die Dehnung in der rechten Wade ist nun deutlich zu spüren.

- Wechseln Sie nach 30 Sekunden die Seite, und dehnen Sie die linke Wade.

Oberschenkel-Rückseite

1. Nehmen Sie die Stöcke in beide Hände. Stellen Sie sich aufrecht hin, und machen Sie mit dem rechten Bein einen Schritt nach vorn.
2. Gehen Sie links leicht in die Knie.
3. Ziehen Sie die rechte Fußspitze nach oben, bis Sie eine deutliche Spannung an der Rückseite des Oberschenkels spüren.

- Nach 30 Sekunden die Spannung lösen. Jetzt die Seite wechseln und das linke Bein dehnen.

Oberschenkel-Vorderseite

1. Stellen Sie sich auf das rechte Bein, und stützen Sie sich mit der rechten Hand auf beiden Stöcken ab.

2. Ziehen Sie mit der Linken den linken Fuß zum Po.

3. Bewegen Sie den Oberschenkel sanft nach hinten, bis Sie die Dehnung auf der Vorderseite spüren. Der Rücken bleibt dabei gerade.

Wichtig: Achten Sie dabei darauf, dass das rechte Knie nicht nach außen abweicht.

➤ Nach 30 Sekunden ist das rechte Bein dran.

Schulter, Brust und Arme

1. Halten Sie beide Stöcke mit gebeugten Armen hinter dem Kopf.

2. Ziehen Sie die Schulterblätter nach hinten, bis sich im Brustbereich ein deutliche Spannung aufbaut.

➤ 30 Sekunden halten.

Hüfte und Lenden

1. Stechen Sie beide Stöcke vor dem Körper in den Boden.

2. Strecken Sie das linke Bein mit leicht gebeugtem Knie lang nach hinten, und winkeln Sie das rechte Bein an.

3. Drücken Sie die Hüfte nach unten, bis Sie die Dehnung in der Leistengegend deutlich spüren.

➤ Nach 30 Sekunden die Seite wechseln.

Power-Techniken

Für alle, die richtig Gas geben möchten

Wer meint, Nordic Walking sei ein eher »gemütlicher« Sport mit gemächlichem Tempo, irrt sich gewaltig. Denn der besondere Reiz besteht gerade darin, dass Sie selbst entscheiden können, wie intensiv Sie trainieren wollen. Durch Walken im freien Gelände oder am Hang können Sie die Belastung ebenso steigern, wie durch spezielle Sprungtechniken oder ein schnelleres Tempo. Und auch das Training in der Gruppe sorgt für Abwechslung.

Darf's auch etwas mehr sein?

Mit etwas Übung beherrschen Sie bald die Grundtechnik des Nordic Walking. Sicher freuen Sie sich, eine Sportart gefunden zu haben, mit der Sie zwei- oder dreimal in der Woche an der frischen Luft trainieren können. Wenn Sie sich vorher zu wenig bewegt haben, ist das schon ein gewaltiger Fortschritt. Denn Sie tun dabei ganz schön viel für Ihre Gesundheit und Fitness. Vielleicht hat Sie aber auch der Ehrgeiz gepackt, und Sie wollen Ihr Pensum steigern – nicht nur, indem Sie längere Strecken walken, sondern auch, indem Sie die Trainingsintensität deutlich erhöhen.

Schalten Sie hoch

Einsteiger laufen in der Regel auf ebenem Boden – und das ist auch richtig so. Solange Sie sich noch auf den Rhythmus, den diagonalen Bewegungsablauf und das »Pumpen« der Hände konzentrieren müssen, sollte das Gelände sicher und gut begehbar sein. Sobald Sie aber die Grundtechnik beherrschen, können Sie die gewohnten Wege auch einmal verlassen und sich noch mehr fordern. Um die Belastung zu erhöhen, gibt es drei Möglichkeiten:

- Sie erhöhen deutlich das Tempo und beschleunigen ins Nordic Jogging.
- Sie laufen bewusst in schwierigem Gelände (zum Beispiel am Hang oder auf Treppen).
- Sie probieren neue, anspruchsvollere Techniken aus, die Sie ins Walking-Training einbauen (beispielsweise Sprünge).

Im Slalom querfeldein

Der einfachste Weg, die Belastung deutlich zu steigern: Sie verlassen Asphalt und Stadtpark und walken einfach einmal querfeldein. Suchen Sie beispielsweise im Wald nach Trampelpfaden abseits der breiten Wege. Steine, Wurzeln und andere Unebenheiten erfordern ein gutes Koordinationsvermögen. Hilfreich ist es auch, wenn Sie verschiedene Sprungtechniken beherrschen (siehe Seite 40 f.), um die Hindernisse sicher zu überwinden. Darüber hinaus können Sie um Bäume und Sträucher einen regelrechten Slalom laufen. Wenn Ihnen das Spaß macht, lässt sich auch ein eigener Hindernisparcours im Gelände abstecken. Versuchen Sie, diesen so schnell wie möglich zu bewältigen. Vielleicht stellen Sie bald einen eigenen Rekord auf.

> **info:**
>
> **Walken im Gelände**
>
> Da beim Offroad-Laufen kein Schritt dem anderen gleicht, fördern Sie dabei Ihre Konzentration und das Koordinationsvermögen.

Nordic Walking für Leistungs-bereite

Lust auf mehr Tempo? Dann geben Sie einfach Gas. Die gewohnte Technik in höherer Geschwindigkeit stellt natürlich erhöhte Anforderungen an Koordination und Kondition. Und Sie walken so auch in einem anderen Herzfrequenzbereich, was Einfluss auf die Energieverbrennung hat (siehe auch Seite 16 f.).

Nordic Jogging

Wenn Sie schneller vorankommen möchten, steigern Sie den Walking- zum Lauf-Schritt und beginnen zu joggen. Behalten Sie dabei jedoch die Grundtechnik bei, und setzen Sie auch die Stöcke wie gewohnt ein. Am Anfang kann es etwas dauern, bis Sie die schnelleren Bewegungen koordinieren und Beine und Stöcke sich nicht mehr in die Quere kommen. Aber schon bald werden Sie merken, dass Nordic Jogging eine reizvolle Trainingsvariante ist. Das Ergebnis: Sie erhöhen Ihren Pulswert und steigern den Trainingseffekt für das Herz-Kreislauf-System.

Vorteile gegenüber dem »normalen« Joggen

Wie beim Nordic Walking bleibt der Körper beim Nordic Jogging in einer sehr dynamischen Haltung. Durch den gezielten Stockeinsatz wird der Schultergürtel gekräftigt. Das stete Öffnen und Schließen der Hand entspannt die Schulter- und Nackenmuskulatur. Sprung-, Knie- und Hüftgelenk werden deutlich geringer belastet, weil sich das Gewicht dank der Poles auf alle »Extremitäten« verteilt. Und das ist auch gut so. Schließlich müssen die Gelenke beim Laufen aufgrund der Flugphase bei jedem Schritt das Dreifache des Körpergewichtes abfedern. Auf den Punkt gebracht: Sie laufen nordisch auf einem gesundheitlich höheren Niveau.

info:

ERST DIE PFLICHT UND DANN DIE KÜR

Es versteht sich von selbst, dass Sie beim Nordic Walking erst dann in die hohen Gänge schalten sollten, wenn Sie die Grundtechnik sicher beherrschen. Denn alle Turbo-Gänge bauen darauf auf. Der diagonale Bewegungsablauf, der nach hinten gestreckte Arm, das Öffnen und Schließen der Hand und das bewusste Abrollen des Fußes gehören so gut wie immer dazu. Das bedeutet für Sie: Walken Sie zunächst ein paar Wochen lang ganz »normal«. Dann haben sich Ihre Muskeln, Sehnen und Bänder an die neue Belastung gewöhnt, und Ihre Kondition ist bereit für neue Herausforderungen.

Bergauf und bergab

Eine andere Möglichkeit, den Schwierigkeitsgrad zu erhöhen, ist das Bergauf-Walken. Bereits ein paar hundert Meter genügen, um die Belastung deutlich zu steigern.

Den Berg rauf…

Wenn Sie einen Berg oder Hügel hinauf wollen, müssen Sie die Arme noch stärker einsetzen als normal. Schwingen Sie also mit einem Arm weit nach vorn, und drücken Sie den anderen ganz fest nach hinten. Beugen Sie den Körper nach vorn, und stoßen Sie sich kräftig vom Boden ab. Je steiler der Berg, desto kleiner werden dabei die Schritte. Ganz wichtig: Achten Sie unbedingt auf Ihren Puls, er schnellt sonst sofort in die Höhe.

… und wieder runter

Geht es hinunter, müssen Sie vor allem die Gelenke entlasten. Strecken Sie daher niemals die Knie, sondern halten Sie sie stets leicht gebeugt – der Aufprall wirkt sonst wie ein Schlag. Schieben Sie den Po nach hinten, damit der Körperschwerpunkt möglichst tief liegt, und machen Sie kleine Schritte. Lehnen Sie sich etwas zurück, und richten Sie die Poles schräg nach hinten. So können Sie sich beim Abbremsen im Notfall einfach zwischen die Stöcke »setzen«.

Treppenläufe

Das Treppenlaufen im Freien ist ursprünglich ein Trainingselement aus der Leichtathletik, aber es sorgt auch beim Nordic Walking für gute Leistungsfortschritte. Denn die Stufenabstände fördern das schnelle Umsetzen der Stöcke und damit auch das Auge und die Koordination.
Damit Sie dabei nicht ins Straucheln kommen, müssen Sie die Stöcke wie am Hang einsetzen – je nachdem, ob Sie die Treppe hinauf- oder herunterlaufen.

So werden Sie ein »Nordic Känguru«

Schon beim normalen Nordic Walken benutzen Sie die Poles, um sich aktiv vom Boden abzustoßen. Mit der richtigen Technik können Sie diesen Effekt auf die Spitze treiben und richtige Weit- bzw. Hochsprünge vollführen.

Kraftvolles Ganzkörpertraining

Das Sprungtraining zählt zu den besonders intensiven Trainingsformen, denn es setzt gleichermaßen Kondition, Gleichgewichtssinn und Körperkontrolle voraus. Sprünge sind daher wirklich nur etwas für fortgeschrittene Nordic Walker. Wer jedoch das Springen gut beherrscht, für den sind Steine, Pfützen, umgestürzte Baumstämme und schmale Wasserläufe keine Hindernisse mehr.

Kleines Sprung-ABC

Springen ist keine Alternative zum Nordic Walken, sondern ergänzt dieses sinnvoll.

➤ Nutzen Sie jede Gelegenheit, die sich bietet, um vom Boden abzuheben. Variieren Sie die Technik, und versuchen Sie herauszufinden, welcher Sprung sich zu welcher Gelegenheit am besten eignet.

➤ Sie können das Springen auch als eigenständige Trainingseinheit zum Muskelaufbau betrachten. Machen Sie dann nach dem Walken oder zwischendurch jeweils drei Durchgänge à 10 bis 20 Sprünge.

➤ Springen Sie nicht, bevor Sie sich warm gelaufen haben. Sind die Muskeln noch kalt, sind Sie besonders gefährdet für Verletzungen.

➤ Sie können bei jedem Sprung wählen, ob Sie lieber in die Höhe oder in die Weite springen, kraftvoll oder entspannt. Nur wenn Sie mehrmals hintereinander springen (Krafttraining), sollten Sie bei einer Variante bleiben.

Schrittsprung

Das Wichtigste bei diesem Sprung ist der diagonale Stockeinsatz.

1. Nehmen Sie den rechten Stock nach vorn, und stechen Sie ihn in den Boden.
2. Drücken Sie sich mit dem rechten Bein kraftvoll ab, und strecken Sie es nach hinten.
3. Bringen Sie das linke Bein lang nach vorne. Das Knie ist dabei gebeugt
4. Der linke Stock ist hinter der linken Hüfte.

➤ Springen Sie im Wechsel mit rechtem und linkem Bein.

Diagonalsprung

Walken Sie für diese Sprungvariante in der klassischen Grundtechnik.

1. Setzen Sie den linken Stock vorn leicht schräg auf.

2. Das linke gestreckte Bein drückt sich vom Boden ab.

3. Das rechte Bein ist gebeugt, und der Oberschenkel schwingt über die Mittellinie nach links zum linken Stock.

4. Der rechte Stock ist hinter der rechten Hüfte.

➤ Im Wechsel links und rechts. Die Knie zeigen dabei immer zur anderen Seite.

Hopserlauf

Bei dieser Technik hopsen Sie abwechselnd mit dem rechten und dem linken Bein.

1. Stechen Sie mit dem linken Stock in den Boden.

2. Drücken Sie sich mit dem linken gestreckten Bein kraftvoll ab. Der Stock unterstützt den Sprung.

3. Ziehen Sie dabei das rechte Knie so weit es geht nach oben. Der rechte Arm zeigt gestreckt nach hinten, die Hand ist geöffnet.

➤ Stoßen Sie sich im Wechsel mit links und rechts ab.

tipp:

Zwar gilt Nordic Walking als äußerst risikoarme Sportart. Vor Muskelkater und Co ist trotzdem niemand gefeit. Das hilft schnell:

➤ **Blasen:** Spezielle Blasenpflaster (aus der Apotheke) schützen die Wunde und wirken an kritischen Stellen auch vorbeugend.

➤ **Gelenkschmerzen:** Kühlen Sie akute Schmerzen nach dem Walken mit einem Eisbeutel oder Kühlkissen.

➤ **Kreislaufstörungen:** Achten Sie auf den Trainingspuls, und trinken Sie vor dem Walken 1/2 Liter Wasser. Bei Hitze und auf sehr langen Strecken brauchen Sie auch zwischendurch Flüssigkeit: Pro Stunde rund 1 Liter.

➤ **Muskelkater:** Das beste Gegenmittel ist Wärme (z. B. Vollbad, Sauna). Nicht massieren, sondern nur sanft mit flachen Händen ausstreichen.

➤ **Wadenkrämpfe:** Ursache sind Überbelastung und/oder Flüssigkeitsmangel. Dehnen (siehe Seite 34) und sanfte Massagen helfen.

Training zu zweit

Gemeinsam mit dem Partner oder einer Freundin zu laufen, ist für all diejenigen ideal, die sich gerne von ihrem inneren Schweinehund vom Training abhalten lassen. Schließlich fällt es den meisten von uns viel schwerer, den Walkingtermin abzublasen, wenn wir erwartet werden.

Partnerübungen mit den Stöcken

Wer zu zweit trainiert, kann Technik und Koordination während einer Walking-Pause durch spezielle Partnerübungen verbessern.

➤ Damit das Kräfteverhältnis stimmt, sollten Größe und Gewicht der Partner in etwa ausgewogen sein.

➤ Verzichten Sie auf ruckartige, reißende Bewegungen.

➤ Achten Sie darauf, dass der Rücken immer gerade bleibt. Sonst wird die Lendenwirbelsäule unnötig belastet.

Auf und ab

Diese Übung kräftigt die vorderen Oberschenkel und die Pomuskulatur.

1. Stellen Sie sich Rücken an Rücken. Stechen Sie die Stöcke kraftvoll in den Boden ein, und gehen Sie in die Knie.

2. Versuchen Sie nun beide, sich ein Stück höher zu drücken. Stützen Sie sich dabei auf den Poles ab.

3. Gehen Sie langsam wieder nach unten, ohne den Rückenkontakt zum Partner zu verlieren.

➤ Wiederholen Sie die Übung drei- bis fünfmal.

»Liegestütz«

Eine isometrische Kraftübung für Brust- und Armmuskeln.

1. Stellen Sie sich in Schrittstellung einander gegenüber.

2. Greifen Sie die Stöcke an den Enden. Die Ellbogen sind auf Schulterhöhe.

3. Drücken Sie die Stöcke zur Brust des Partners, während dieser mit aller Kraft dagegenhält. Der Oberkörper sollte sich dabei nicht bewegen.

➤ Nach drei bis fünf Wiederholungen tauschen Sie die Rollen, und Ihr Partner übernimmt die Stöcke.

Fußdrücken

Eine Spannungsübung zur Kräftigung der Oberschenkel-innenseite.

1. Stellen Sie sich gegenüber.

2. Drücken Sie die Innenseiten Ihrer rechten Füße fest gegeneinander.

3. Versuchen Sie die Spannung 30 Sekunden gleichmäßig zu halten. Bewegen Sie sich währenddessen nicht. Wenn Sie aus dem Gleichgewicht kommen, stützen Sie sich auf den Stöcken ab.

➤ Drücken Sie anschließend die linken Füße aneinander.

Knie heben

Diese Übung kräftigt die Hüftbeugemuskulatur.

1. Sie stehen sich wieder gegenüber. Halten Sie einen Stock in Bauchhöhe waagerecht vor sich.

2. Ihr Partner versucht nun, abwechselnd das rechte und linke Knie an den Stock zu bringen, und hält es dort ein paar Sekunden.

➤ Nach etwa zehn Wiederholungen mit dem anderen Knie weitermachen. Dann sind Sie selbst dran, und heben die Knie an.

Huckepack

Mit dieser Übung stärken Sie Ihre Bauchmuskulatur.

1. Stellen Sie sich Rücken an Rücken. Heben Sie die Arme über die Köpfe, und fassen Sie beide die Enden eines Stockpaares.

2. Beugen Sie sich leicht nach vorn, und ziehen Sie Ihren Partner nach hinten, bis er schließlich fast vom Boden abhebt. Führen Sie die Übung langsam und mit Gefühl aus.

➤ Nach dreimal wird gewechselt, und Sie werden nach oben »gezogen« …

Spiele mit Stöcken

Die Begriffe »Sport« und »Spiel« werden gern in einem Atemzug genannt, nicht nur, weil beide mit denselben Buchstaben beginnen. Zwar sollte man seinen Sport durchaus ernst nehmen, sich eigene Ziele stecken und sich nicht vor jeder körperlichen Anforderung drücken. Doch auch die spielerische Komponente darf nicht fehlen. Sport ist eben immer beides: Freude an der Bewegung und Lust auf Leistung.

info:

FÖRDERN SIE IHRE AUSDAUER!

Wenn Sie viel schwitzen, nehmen Sie nicht automatisch ab. Im Gegenteil: Turbo-Techniken trainieren vor allem Herz-Kreislauf-System, Ausdauerleistung und Muskelaufbau. Deswegen reduziert sich der Gewichtsverlust.

Spielerisches Üben

Spiele mit Stöcken bringen mehr als nur Spaß. Man lernt und übt dabei ganz nebenbei und ohne jeden Leistungsdruck die Bewegungen, auf die es beim Nordic Walking ankommt. Bei der »Dampflok« beispielsweise trainieren Sie den »langen Arm«, beim Um-die-Wette-Hüpfen das kraftvolle Abstoßen mit dem Stock und beim Slalom Schnelligkeit und Geschick. Ein weiteres Plus: Die stimmungsaufhellende Wirkung von Nordic Walking wird unterstützt, wenn Sie sich un-

gezwungen mit Gleichgesinnten bewegen. Und je mehr Sie davon für die folgenden drei Spiele finden, desto besser.

Dampflok

Ein sehr gutes Training für die typische diagonale Arm-Bein-Koordination. Theoretisch funktioniert die Dampflok schon mit zwei Nordic Walkern. Doch je mehr Teilnehmer zusammenkommen, desto lustiger wird's.

1. Stellen Sie sich mit etwas Abstand hintereinander auf. Fassen Sie jeweils die Stöcke des Vordermanns.

2. Nehmen Sie nun alle gemeinsam das rechte Bein und den linken Arm nach vorn, dann umgekehrt. Der Vordermann gibt dabei die Bewegung vor. Bemühen Sie sich stets, den hinteren Arm weit gestreckt hinter die Hüfte zu bringen.

3. Stellen Sie sich vor, Sie seien eine alte Dampflok, die erst langsam, dann immer schneller und schneller durch das Gelände zuckelt.

Hockweitsprünge

Bei diesem Spiel können mehrere Teilnehmer gegeneinander antreten.

1. Legen Sie eine Absprunglinie fest, und stellen Sie sich zu zweit dahinter auf.

2. Stechen Sie die Stöcke in den Boden ein, gehen Sie in die Hocke, und versuchen Sie beide gleichzeitig, so weit wie möglich zu springen.

3. Messen Sie, wer weiter gekommen ist.

Variante: Sie stellen sich nacheinander an die Grundlinie und hüpfen einzeln.

Slalom

Ein abwechslungsreiches Koordinationstraining.

1. Stecken Sie mit Ästen, Stangen oder Hütchen einen Parcours ab. Besonders viel Spaß macht der Slalom auch im Wald zwischen Bäumen.

2. Stellen Sie sich hintereinander auf, und walken Sie los. Wer ist am schnellsten im Ziel?

Variante: Wenn Sie genug Leute sind, können auch die Walker den Parcours bilden. Wer die Slalomstrecke durchlaufen hat, baut sich vorn als neues »Hindernis« auf.

Gesucht – gefunden

Buchtipps

Prof. Dr. Bös, Klaus: Walking und sanftes Lauftraining; Gräfe und Unzer Verlag, München
Gollner, Erwin: Einfach Nordic Walking; Styria, Graz
Hederer, Markus: Laufen zum Abnehmen; Gräfe und Unzer Verlag, München
Helmkamp, Andreas/Mack, Norbert/Schmidt, Mathias R./Winski, Norbert: Nordic Walking, Fitness und Vergnügen für alle. Ein praktischer Ratgeber; Verlag Parzeller, Fulda
Kreuzriegler, Friedrich/Gollner, Erwin/Fichtner, Harald: Das ist Nordic Walking. Ausrüstung, Technik, Training; Urban & Fischer, München
Regelin, Petra: Stretching; Gräfe und Unzer Verlag, München
Rüdiger, Margit: Power Walking; Gräfe und Unzer Verlag, München
Schmauderer, Achim: Wirbelsäulengymnastik; Gräfe und Unzer Verlag, München
Wade, Jennifer: Fatburner. Das Fitnessprogramm; Gräfe und Unzer Verlag, München

Hilfreiche Adressen

Deutscher Nordic Walking/
Nordic Blading Verband e.V. (DNV)
Postfach 100 409
83004 Rosenheim
office@nordicwalkingverband.de
www.nordicwalkingverband.de

Mitglied der International Nordic Fitness Organisation (INFO), in der sich etwa 4.000 ausgebildete Basic Instructoren zusammengeschlossen haben.

Verband der Nordic-Walking-Schulen (VDNOWAS)
Hauptstraße 48
95676 Wiesau (Opf.)
www. vdnowas.de

Dachverband der Schulen und Lehrkräfte

Nordic-Walking-Akademie-Bielefeld
Westerfeldstr. 26
33611 Bielefeld
www.nordic-walking-akademie.de

Großes Kursangebot

Luftkurort Poppenhausen
Tourist-Information
Von-Steinrück-Platz 1
36163 Poppenhausen
Info@poppenhausen-wasserkuppe.de

Sonderprospekt »Nordic Walking in der Rhön« anfordern.

www-Tipps

www.nordic-walking-infos.de

Sehr nützliches Informationsportal zum Themenkreis Nordic Walking und Nordic Fitness. Nennt Treffs, Events, Verbände, Routen, Kurse, Hotels, Literatur u. v. m.

Veranstalter

www.nordic-walking-zentrum.de

Informationen zum Nordic-Walking-Gebiet Naturpark Südschwarzwald

www.nwca.de

Nordic Walking Coach Association. Trainer-Verband. Kurse mit Schwerpunkt Berlin

www.nordic-walking-online.de

Nennt Treffs in verschiedenen Bundesländern

Sachregister

Aerob 14
Alu-Stöcke 18
anaerob 14
Atmen 21, 23
Aufwärmen 30
Ausrüstung 6, 18 f.

Becken 8 f., 22
Bekleidung 19
Bergab-Walken 39
Bergauf-Walken 38
Bewegungsablauf, diagonaler 37
Brustwirbelsäule 25, 29

Dehnen 34 f.
Dehnübungen 18, 34 f.
Diagonalbewegung 9, 22
Diagonalsprung 41

Energie 13 ff., 23, 24
Entspannungstechnik 7

Fehler 28 f.
Fettstoffwechsel 14
Fettstoffwechselzone 16
Fitness 7, 28, 37
Fitness-Zone 17
Flugphase 22, 38

Gelenke 11, 12, 21, 38 f.
Gesundheit 6, 28, 37
Gesundheitszone 16
Griffe 5, 18
Grundausrüstung 19
Grundtechnik 20 ff., 37, 41

Haltung 8, 10 f., 23, 26, 28
Hände öffnen 26 f., 38
– schließen 26 f., 38
Herzfrequenz 14 f., 25, 38
Hochleistungs-Zone 17
Hopserlauf 41
Hüfte 8, 9, 35
Hüftgelenk 12, 38

Intervalltraining 17

Kalorienverbrauch 12 f.
Kniegelenk 8 f., 12, 38
Kardiovaskuläre Fitness 15 f.
Koordination 30, 37 ff., 45
Kräftigungsübungen 32 f.
Krafttraining 32, 40

Leistungsabfall 19
Leistungsfähigkeit 14 f., 21, 26
Lenden 9, 35
Lendenwirbelsäule 42 f.

Maximale Herzfrequenz (MHF) 16
Muskelabbau 10
Muskeldysbalancen 9
Muskeln 8, 10 f., 14 f., 28, 30, 34, 40
Muskulatur 9 ff., 30, 32 ff.

Nackenbereich 8 f., 26, 28
Nackenmuskulatur 23, 38
Nordic Jogging 37 f.

Passgang 23 f., 28
Poles 5, 12, 18, 23 f., 26, 29 f., 32, 38 f., 42
Pole-Walking 5
Power-Techniken 7, 36 ff.
Puls 14, 38 f.
Pumpeffekt 5, 26, 28

Reha-Sport 11
Rotation 25, 29
Rücken 8 f., 26, 33, 42

Schlaufen 5, 18, 24 f., 30
Schonhaltung 9, 11
Schrittfrequenz 22
Schrittsprung 40
Schuhe 18
Schultermuskulatur 23, 26, 31, 38
Seitenstechen 21
Slalom 37, 44 f.
Spiele 44 f.
Sprung-ABC 40
Sprünge 7, 37, 40
Sprunggelenke 8 f., 12, 38
Stöcke 18, 22 ff., 30 ff., 38 f., 42, 45
Stockeinsatz 12, 18, 21, 24, 26, 28 f., 38, 40

Technikfehler 28 f.
Teleskopstöcke 18
Trainingsintensität 37
Trainingspuls 16 f.
Trainingstempo 14 f.
Trainingszonen 16 f.
Treppenläufe 39

Übergewicht 8

Verspannungen 9 ff., 21, 26, 28
Vorwärmen 30

Warm-up 30 f.
Wirbelsäule 11 f., 43

Über die Autoren

Andreas Helmkamp ist selbstständiger Physiotherapeut. Als Sportphysiotherapeut (Spezialgebiet Trainingslehre) des Deutschen Sportbundes betreut er im Hochleistungsbereich Einzelathleten und Mannschaften. Er arbeitet als Instructor in der Nordic-Walking-Schule Rhön.

Norbert Mack war erfolgreicher Mittelstreckenläufer und betreibt in Fulda ein großes Sportfachgeschäft mit dem Schwerpunkt Laufsport. Er zählt zu den deutschen Nordic-Walking-»Propheten« der ersten Stunde. Gründer der Nordic-Walking-Schule Rhön.

Dr. Mathias R. Schmidt arbeitet als PR-Berater und Autor. Nach langjähriger Tätigkeit für die Sender der ARD betreibt er heute eine Agentur, die sich auf Text-Entwicklungen für Öffentlichkeitsarbeit spezialisiert hat (Text-Atelier). Er beschäftigt sich häufig mit medizinischen Themen.

Norbert Winski ist staatlich geprüfter Physio- und Sportphysiotherapeut. Der aktive Sportler arbeitet als Leitender Physiotherapeut in einer Reha-Klinik und gehört zu den Ersten, die Nordic Walking zur Reha einsetzten. Er ist Instructor der Nordic-Walking-Schule Rhön.

Wichtiger Hinweis

Die Ratschläge des vorliegenden Buches wurden sorgfältig recherchiert und haben sich in der Praxis bewährt. Alle Leserinnen und Leser sind jedoch aufgefordert, selbst zu entscheiden, ob und inwieweit sie die Anregungen aus dem Buch umsetzen wollen. Autoren und Verlag übernehmen keine Haftung für die Resultate.

Bildnachweis

Fotoproduktion: Leonhard Lenz

Weitere Fotos:
Corbis: S. 13;
GU: S. 9 (Martin Wagenhan),
S. 15 (Manfred Jahreiß);
S. 19 (Marcel Weber);
Jump: S. 10 (Kristiane Vey);

Impressum

Programmleitung:
Ulrich Ehrlenspiel
Redaktion: Barbara Fellenberg
Lektorat und Gestaltung:
Sylvie Hinderberger
Layout: Heinz Kraxenberger
Umschlag: independent
Medien-Design
Herstellung: Gloria Pall
Lithos: W & Co., München
Druck/Bindung: Alcione, Trento

ISBN 3-7742-6434-1

Auflage	5.	4.	3.	2.
Jahr	07	06	05	04

GRÄFE UND UNZER

Ein Unternehmen der
GANSKE VERLAGSGRUPPE